Impressum
Verlag: BABADADA GmbH, Nedderfeld 112 , 22529 Hamburg
Geschäftsführer / Verlagsleitung: Harald Hof
Druck: Books on Demand GmbH, In de Tarpen 42, 22848 Norderstedt

Imprint
Publisher: BABADADA GmbH, Nedderfeld 112 , 22529 Hamburg, Germany
Managing Director / Publishing direction: Harald Hof
Print: Books on Demand GmbH, In de Tarpen 42, 22848 Norderstedt

σχολείο
학교

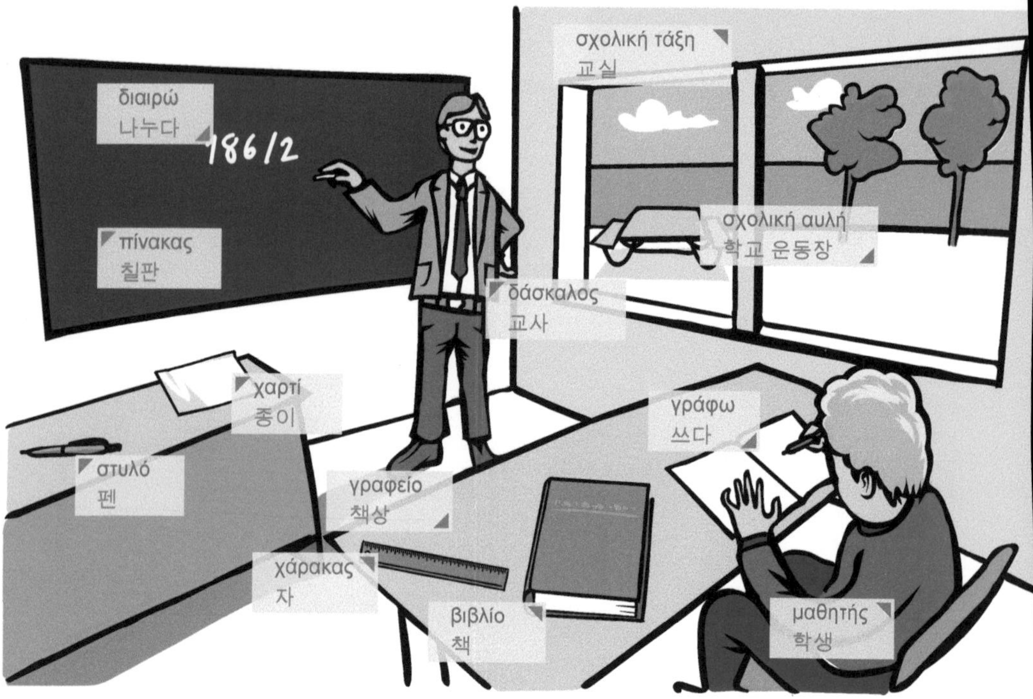
σχολική τάξη
교실
διαιρώ
나누다
186/2
πίνακας
칠판
σχολική αυλή
학교 운동장
δάσκαλος
교사
χαρτί
종이
γράφω
쓰다
στυλό
펜
γραφείο
책상
χάρακας
자
βιβλίο
책
μαθητής
학생

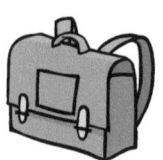

σχολική τσάντα

책가방

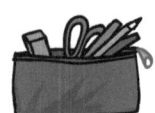

κασετίνα/ μολυβοθήκη

필통

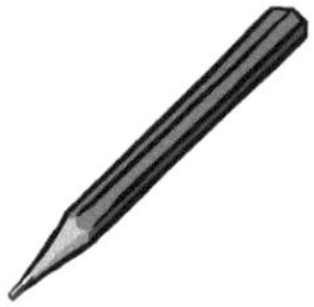

μολύβι

연필

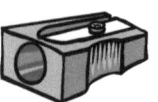

ξύστρα

연필깎이

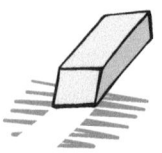

γόμα

지우개

μπλοκ ζωγραφικής

스케치북

ζωγραφική

그림

πινέλο

붓

κουτί χρωμάτων

그림물감 통

ψαλίδι

가위

κόλλα

풀

τετράδιο ασκήσεων

연습장

εργασία για το σπίτι

숙제

αριθμός

숫자

2+2

προσθέτω

더하다

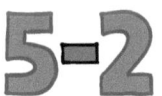

αφαιρώ

빼다

πολλαπλασιάζω

곱하다

υπολογίζω

계산하다

A

γράμμα

글자

αλφάβητο

알파벳

λέξη

낱말

κείμενο

텍스트

διαβάζω

읽다

κιμωλία

분필

μάθημα

수업시간

εγγράφομαι

출석부

τεστ

시험

πιστοποιητικό

증명서

μαθητική στολή

교복

εκπαίδευση

교육

εγκυκλοπαίδεια

백과사전

πανεπιστήμιο

대학교

μικροσκόπιο

현미경

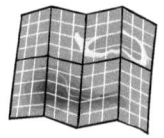

χάρτης

지도

καλάθι αχρήστων

휴지통

ταξίδι
여행

ξενοδοχείο
호텔
Grand
ξενώνας
호스텔
ROOMS
CHANGE
ανταλλακτήρια συναλλάγματος
환전소
βαλίτσα
여행가방
αυτοκίνητο
자동차

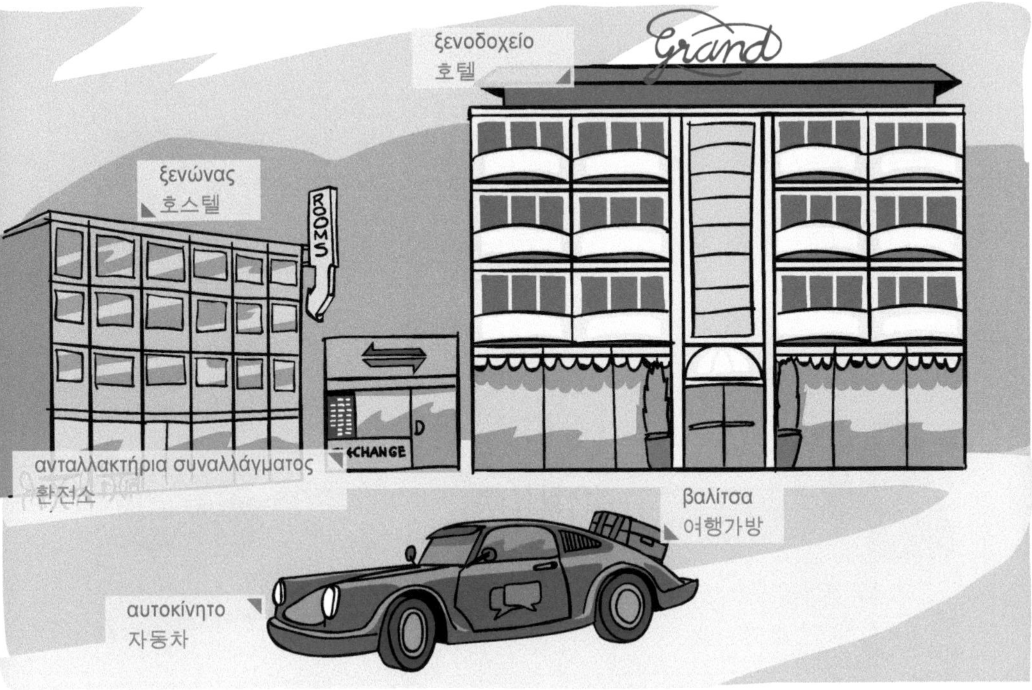

γλώσσα

언어

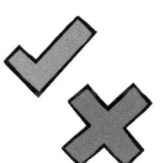

ναι / όχι

예 / 아니오

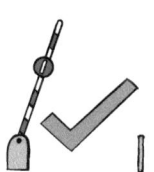

εντάξει

좋아

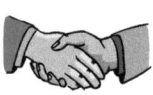

γεια σου

안녕

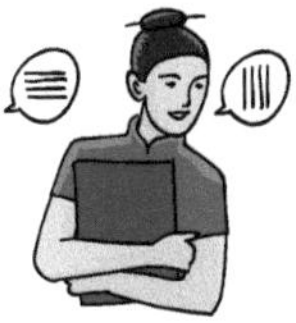

μεταφραστής

번역가

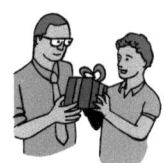

Ευχαριστώ

고마워, 고마워요

πόσο κάνει ;

... 얼마입니까?

Δε καταλαβαίνω

나는 이해하지 못합니다

πρόβλημα

문제

Καλησπέρα!

안녕하세요!

Καλημέρα!

안녕하세요!

Καληνύχτα!

잘자요!

Αντίο

또 만나요

κατεύθυνση

방향

αποσκευές

수하물

τσάντα

가방

σακίδιο πλάτης

배낭

καλεσμένος

손님

δωμάτιο

방

υπνόσακος

침낭

σκηνή

텐트

τουριστικές πληροφορίες

여행 안내

παραλία

해변

πιστωτική κάρτα

신용카드

πρωινό

아침식사

μεσημεριανό

점심식사

δείπνο

저녁식사

εισιτήριο

승차권

ανελκυστήρας

승강기

γραμματόσημο

우표

σύνορα

경계

τελωνείο

세관

πρεσβεία

대사관

βίζα

비자

διαβατήριο

여권

μεταφορά
운반

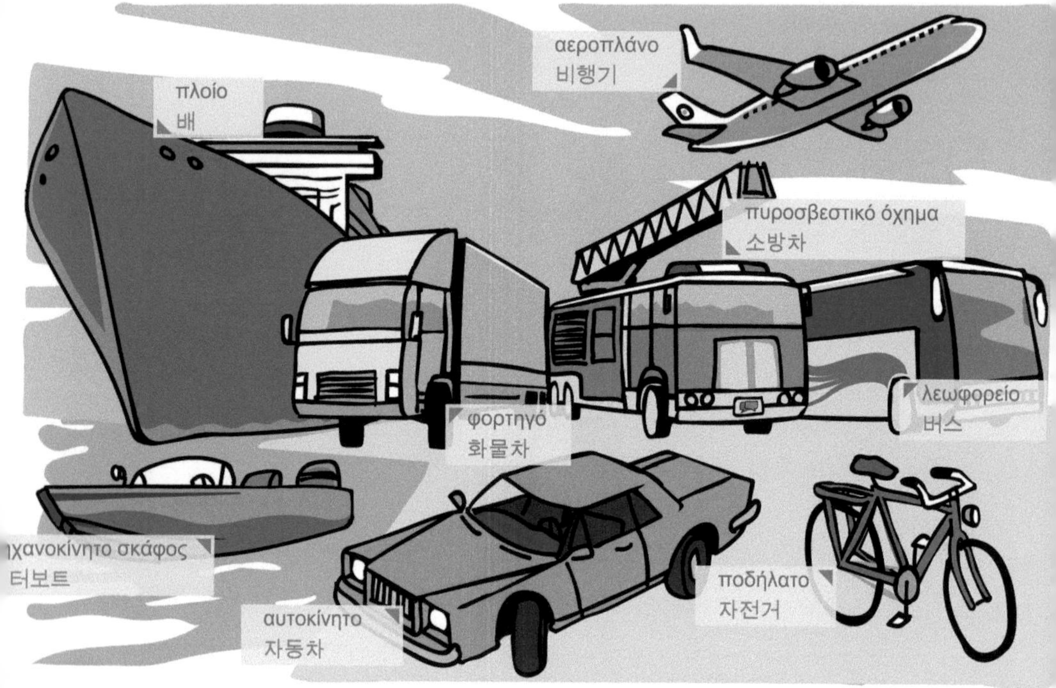

αεροπλάνο
비행기

πλοίο
배

πυροσβεστικό όχημα
소방차

λεωφορείο
버스

φορτηγό
화물차

ιχανοκίνητο σκάφος
터보트

ποδήλατο
자전거

αυτοκίνητο
자동차

φεριμπότ
페리

βάρκα
보트

μοτοσικλέτα
오토바이

περιπολικό
경찰차

αγωνιστικό αυτοκίνητο
경주차

ενοικιαζόμενο αυτοκίνητο
렌트카

διαμοιρασμός αυτοκινήτων

카셰어링

γερανός

견인차

απορριμματοφόρο

쓰레기차

κινητήρας

모터

καύσιμο

연료

βενζινάδικο

주유소

πινακίδα σήμανσης

교통 표지

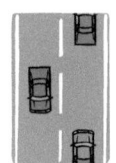

κυκλοφορία

교통

κυκλοφοριακή συμφόρηση

교통 정체

χώρος στάθμευσης

주차장

σιδηροδρομικός σταθμός

기차역

σιδηροδρομικές γραμμές

트랙터

τρένο

기차

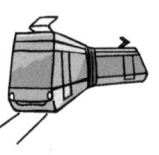

τραμ

전차

βαγόνι

객차

ελικόπτερο

헬리콥터

αεροδρόμιο

공항

πύργος

타워

επιβάτης

승객

εμπορευματοκιβώτιο

컨테이너

χαρτοκιβώτιο

상자

καρότσι

카트

καλάθι

바구니

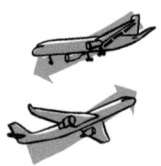

απογειώνομαι /
προσγειώνομαι

출발하다 / 도착하다

πόλη

도시

χωριό

마을

κέντρο της πόλης

도심

σπίτι

집

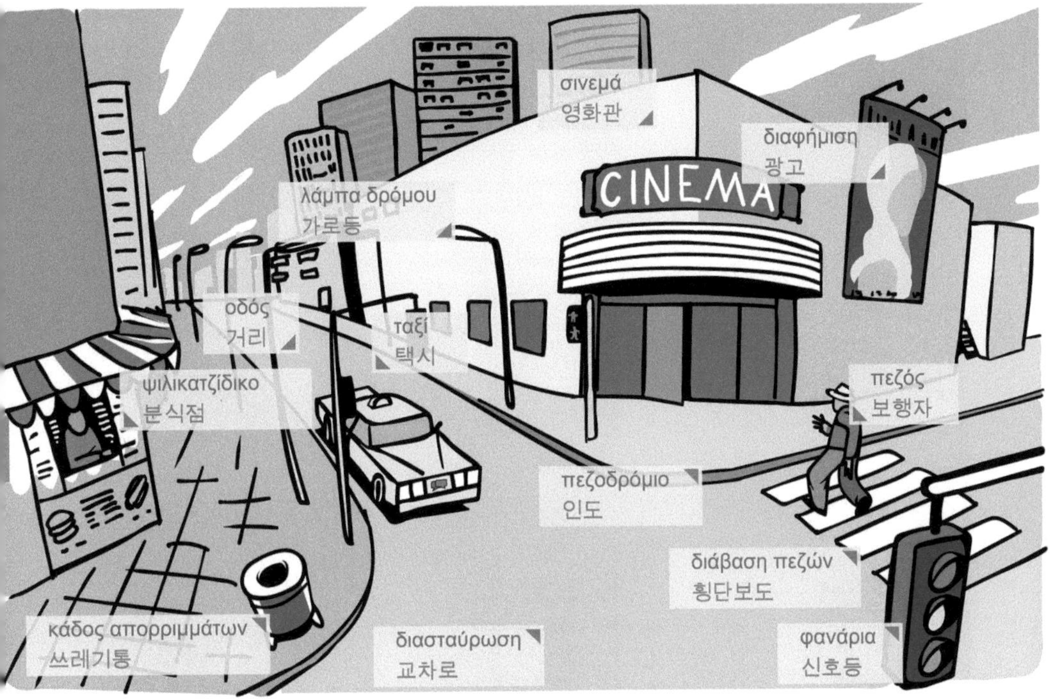

σινεμά
영화관
διαφήμιση
광고
CINEMA
λάμπα δρόμου
가로등
οδός
거리
ταξί
택시
ψιλικατζίδικο
분식점
πεζός
보행자
πεζοδρόμιο
인도
διάβαση πεζών
횡단보도
κάδος απορριμμάτων
쓰레기통
διασταύρωση
교차로
φανάρια
신호등

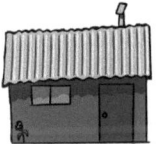

καλύβα

오두막

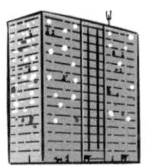

διαμέρισμα

주택

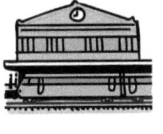

σιδηροδρομικός σταθμός

기차역

δημαρχείο

시청

MUSEUM

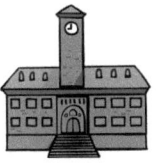

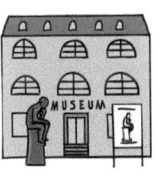

μουσείο

박물관

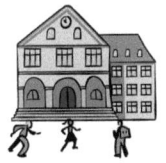

σχολείο

학교

πανεπιστήμιο

대학교

τράπεζα

은행

νοσοκομείο

병원

ξενοδοχείο

호텔

φαρμακείο

약국

γραφείο

사무실

βιβλιοπωλείο

서점

κατάστημα

상점

ανθοπωλείο

꽃가게

σούπερ μάρκετ

수퍼마켓

αγορά

시장

πολυκατάστημα

백화점

ιχθυοπωλείο

생선가게

εμπορικό κέντρο

쇼핑 센터

λιμάνι

항구

πάρκο
공원

παγκάκι
벤치

γέφυρα
다리

σκάλες
계단

μετρό
지하철

τούνελ
터널

στάση λεωφορείου
버스 정류장

μπαρ
바

εστιατόριο
레스토랑

γραμματοκιβώτιο
우체통

πινακίδα δρόμου
도로 표지판

παρκόμετρο
주차료 징수기

ζωολογικός κήπος
동물원

πισίνα
수영장

τζαμί
모스크 사원

αγρόκτημα

농장

ρύπανση

환경오염

νεκροταφείο

공동묘지

εκκλησία

교회

παιδική χαρά

놀이터

ναός

절

ΤΟΠΊΟ
풍경

φύλλο
잎

πινακίδα κατεύθυνσης
이정표

δρόμος
길

λιβάδι
초원

πέτρα
돌

δέντρο
나무

πεζοπόρος
도보여행자

ποτάμι
강

χορτάρι
잔디

λουλούδι
꽃

κοιλάδα

계곡

λόφος

산

λίμνη

호수

δάσος

숲

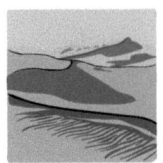

έρημος

사막

ηφαίστειο

화산

κάστρο

성

ουράνιο τόξο

무지개

μανιτάρι

버섯

φοίνικας

야자나무

κουνούπι

모기

μύγα

파리

μυρμήγκι

개미

μέλισσα

벌

αράχνη

거미

σκαθάρι

딱정벌레

βάτραχος

개구리

σκίουρος

다람쥐

σκαντζόχοιρος

고슴도치

λαγός

토끼

κουκουβάγια

부엉이

πουλί

새

κύκνος

백조

αγριογούρουνο

맷돼지

ελάφι

사슴

άλκη

순록

φράγμα

댐

ανεμογεννήτρια

풍력 터빈

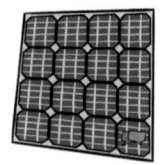

ηλιακός συλλέκτης

태양광 전지판

κλίμα

기후

σερβιτόρος
웨이터

κατάλογος
메뉴

καρέκλα
의자

σούπα
수프

πίτσα
피자

μαχαιροπίρουνα
수저

τραπεζομάντιλο
테이블보

ορεκτικό
전채요리

κύριο πιάτο
주요리

επιδόρπιο
후식

ποτά
음료수

φαγητό
음식

μπουκάλι
병

φαστ φουντ

인스턴트 식품

φαγητό στ' όρθιο

길거리음식

τσαγιέρα

찻주전자

δοχείο ζάχαρης

설탕통

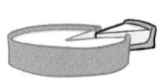

μερίδα

인분

μηχανή εσπρέσο

에스프레소 머신

ψηλή καρέκλα

높은 의자

λογαριασμός

계산서

δίσκος

쟁반

μαχαίρι

칼

πιρούνι

포크

κουτάλι

숟가락

κουταλάκι του τσαγιού

찻숟가락

πετσέτα φαγητού

냅킨

ποτήρι

유리잔

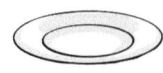

πιάτο

접시

πιάτο σούπας

수프 그릇

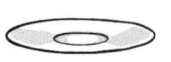

πιατάκι φλιτζανιού

컵 받침

σάλτσα

소스

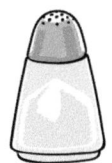

αλατιέρα

소금통

μύλος για πιπέρι

후추통

ξύδι

식초

λάδι

기름

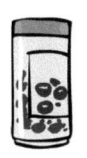

μπαχαρικά

양념

κέτσαπ

케첩

μουστάρδα

겨자

μαγιονέζα

마요네즈

σούπερ μάρκετ
수퍼마켓

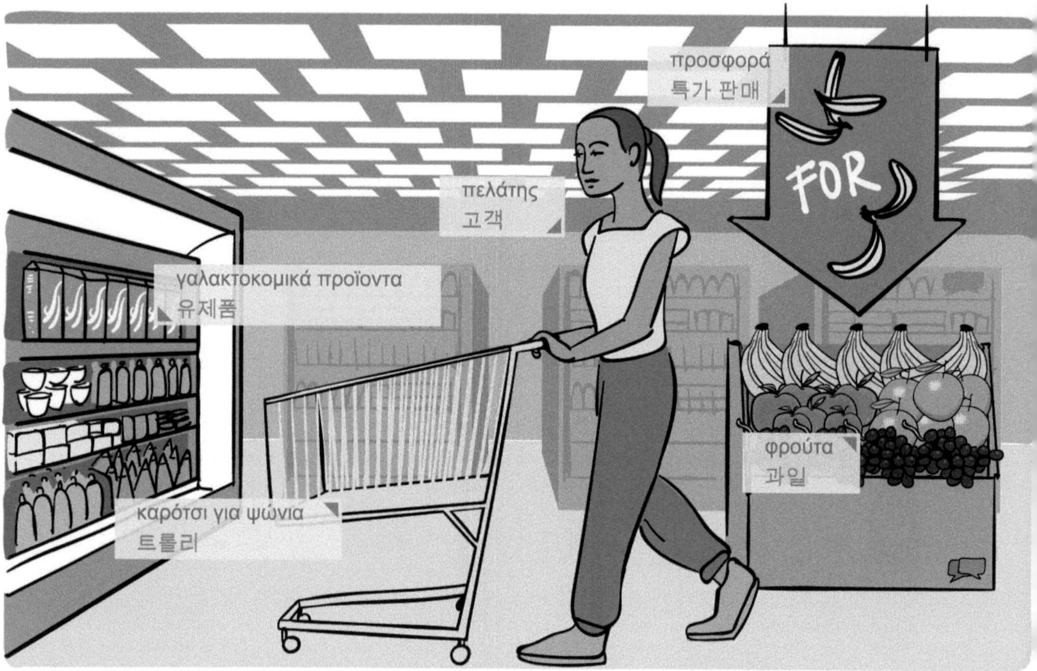

προσφορά
특가 판매
FOR
πελάτης
고객
γαλακτοκομικά προϊόντα
유제품
φρούτα
과일
καρότσι για ψώνια
트롤리

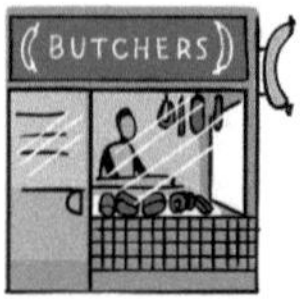

BUTCHERS

κρεοπωλείο

정육점

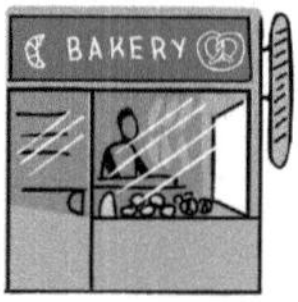

BAKERY

φούρνος

빵집

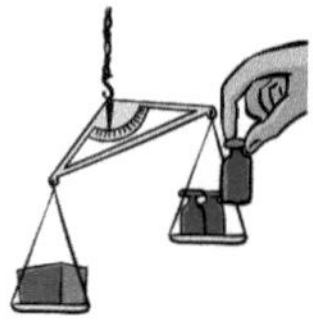

ζυγίζω

무게가 나가다

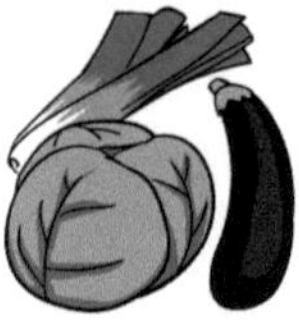

λαχανικά

채소

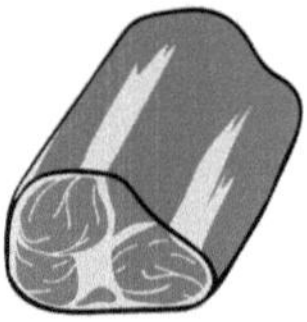

κρέας

고기

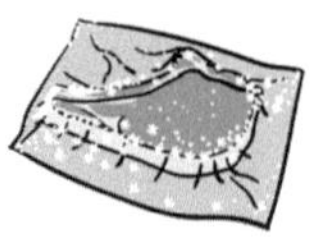

κατεψυγμένα τρόφιμα

냉동식품

αλλαντικά

냉육

κονσερβοποιημένη τροφή

통조림

απορρυπαντικό ρούχων

가루 세제

γλυκά

달콤한 간식

οικιακά είδη

가정용품

καθαριστικά προϊόντα

세척제

πωλήτρια

판매원

ταμείο

계산대

ταμίας

계산원

λίστα για ψώνια

구매목록

ωράριο λειτουργίας

문 여는 시간

πορτοφόλι

지갑

πιστωτική κάρτα

신용카드

τσάντα

가방

πλαστική σακούλα

비닐 봉투

νερό

물

χυμός

주스

γάλα

우유

κόκα κόλα

콜라

κρασί

와인

μπίρα

맥주

αλκοόλ

술

κακάο

카카오

τσάι

차고

καφές

커피

εσπρέσο

에스프레소

καπουτσίνο

카푸치노

μπανάνα
바나나

μήλο
사과

πορτοκάλι
오렌지

πεπόνι
수박

λεμόνι
레몬

καρότο
당근

σκόρδο
마늘

μπαμπού
대나무

κρεμμύδι
양파

μανιτάρι
버섯

ξηροί καρποί
견과류

νουντλς
국수

μακαρόνια

스파게티

ρύζι

쌀

σαλάτα

샐러드

πατατάκια

감자칩

τηγανητές πατάτες

감자튀김

πίτσα

피자

χάμπουργκερ

햄버거

σάντουιτς

샌드위치

κοτολέτα

커틀렛

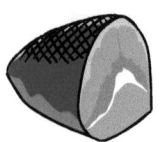

ζαμπόν

햄

σαλάμι

살라미

λουκάνικο

소시지

κοτόπουλο

닭

ψητό

구이

ψάρι

생선

χυλός βρώμης

오트밀

μούσλι

뮤슬리

κορν φλέικς

콘플레이크

αλεύρι

밀가루

κρουασάν

크루아상

ψωμάκι

롤빵

ψωμί

빵

τοστ

토스트

μπισκότα

비스킷

βούτυρο

버터

τυρόπηγμα

응유

κέικ

케이크

αυγό

달걀

τηγανητό αυγό

계란 후라이

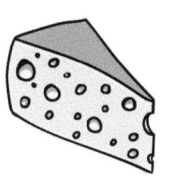

τυρί

치즈

φαγητό - 음식

παγωτό

아이스크림

ζάχαρη

설탕

μέλι

꿀

μαρμελάδα

잼

άλλειμμα σοκολάτας

누가 크림

κάρυ

카레

αγρόκτημα
농장

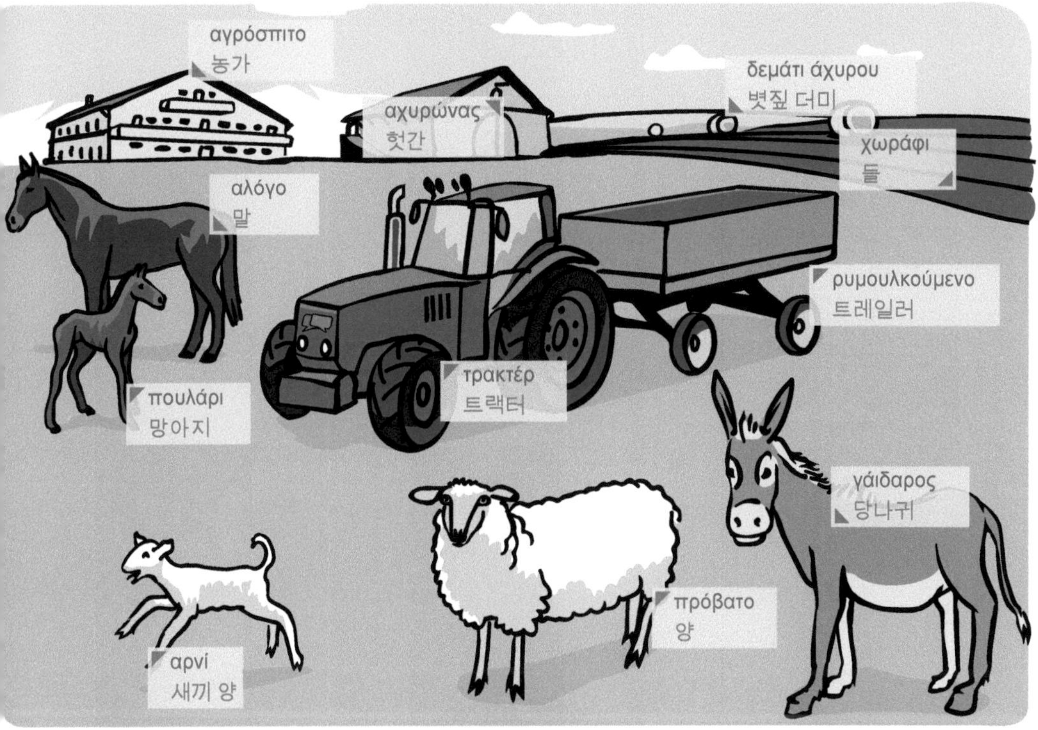

αγρόσπιτο
농가
αχυρώνας
헛간
δεμάτι άχυρου
볏짚 더미
χωράφι
들
αλόγο
말
ρυμουλκούμενο
트레일러
πουλάρι
망아지
τρακτέρ
트랙터
γάιδαρος
당나귀
πρόβατο
양
αρνί
새끼 양

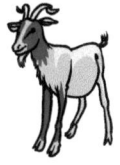

κατσίκα

염소

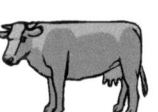

αγελάδα

암소

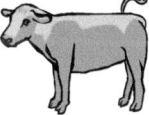

μοσχαράκι

송아지

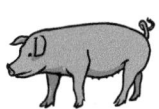

γουρούνι

돼지

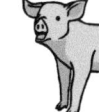

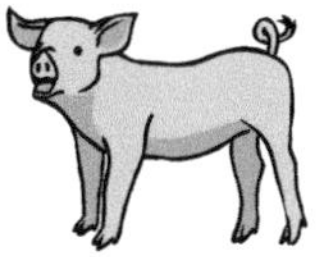

γουρουνάκι

새끼 돼지

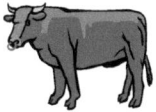

ταύρος

황소

χήνα
거위

πάπια
오리

κοτοπουλάκι
병아리

κότα
암탉

κόκορας
수탉

αρουραίος
쥐

γάτα
고양이

ποντίκι
생쥐

βόδι
황소

σκύλος
개

σπιτάκι σκύλου
개집

λάστιχο κήπου
정원용 호스

ποτιστήρι
물뿌리개

θεριστήρι
큰 낫

αλέτρι
쟁기

δρεπάνι

낫

τσάπα

괭이

δίκρανο

쇠스랑

τσεκούρι

도끼

χειράμαξα

외바퀴 손수레

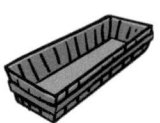

ταΐστρα

여물통

δοχείο γάλακτος

우유 캔

σάκος

부대

φράχτης

울타리

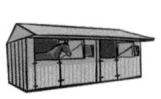

στάβλος

축사

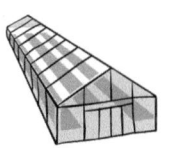

θερμοκήπιο

비닐하우스

έδαφος

땅

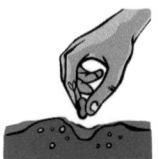

σπόρος

씨앗

λίπασμα

거름

θεριζοαλωνιστική μηχανή

콤바인

θερίζω

수확하다

συγκομιδή

수확

γιαμς

참마

σιτάρι

밀

σόγια

콩

πατάτα

감자

καλαμπόκι

옥수수

κράμβη

유채씨

οπωροφόρο δέντρο

과일나무

μανιόκα

카사바

δημητριακά

곡식

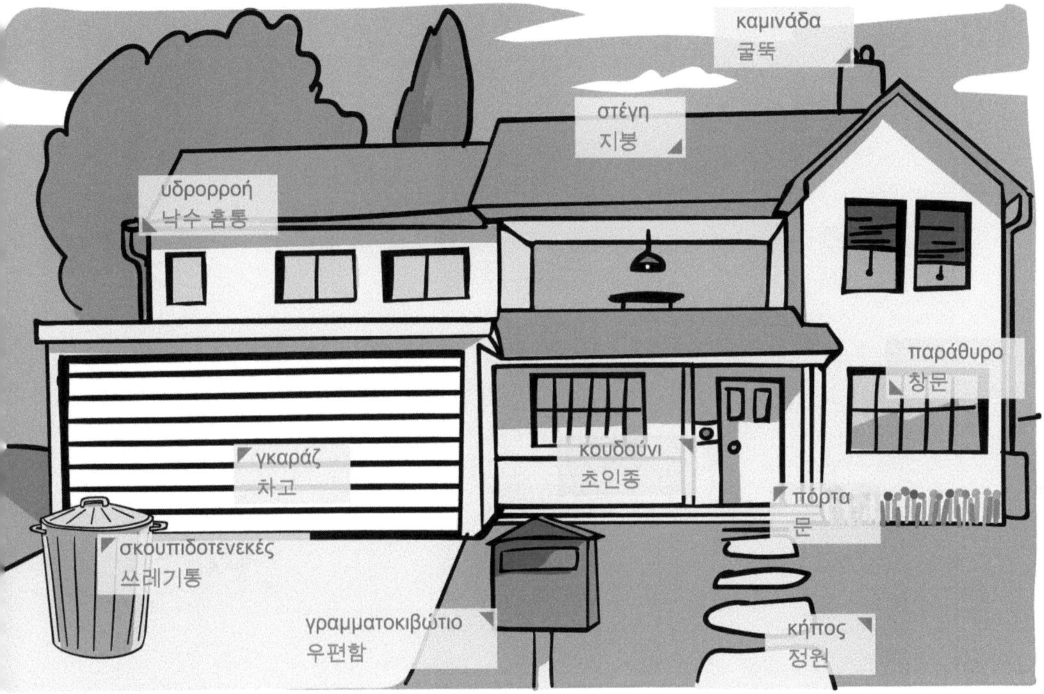

καμινάδα
굴뚝

στέγη
지붕

υδρορροή
낙수 홈통

παράθυρο
창문

γκαράζ
차고

κουδούνι
초인종

πόρτα
문

σκουπιδοτενεκές
쓰레기통

κήπος
정원

γραμματοκιβώτιο
우편함

σαλόνι
응접실

μπάνιο
욕실

κουζίνα
부엌

υπνοδωμάτιο
침실

παιδικό δωμάτιο
아이들 방

τραπεζαρία
식사실

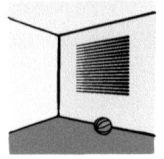

πάτωμα
바닥

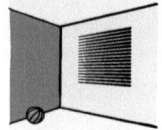

τοίχος
벽

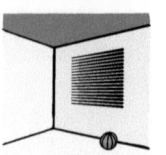

οροφή
천장

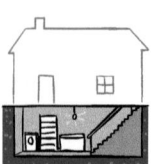

κελάρι
지하실

σάουνα
사우나

μπαλκόνι
발코니

βεράντα
테라스

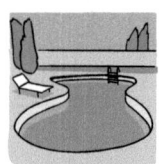

πισίνα
수영장

μηχανή του γκαζόν
잔디 깎는 기계

σεντόνι
침대 시트

κάλυμμα κρεβατιού
이불

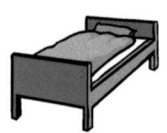

κρεβάτι
침대

σκούπα
빗자루

κουβάς
양동이

διακόπτης
스위치

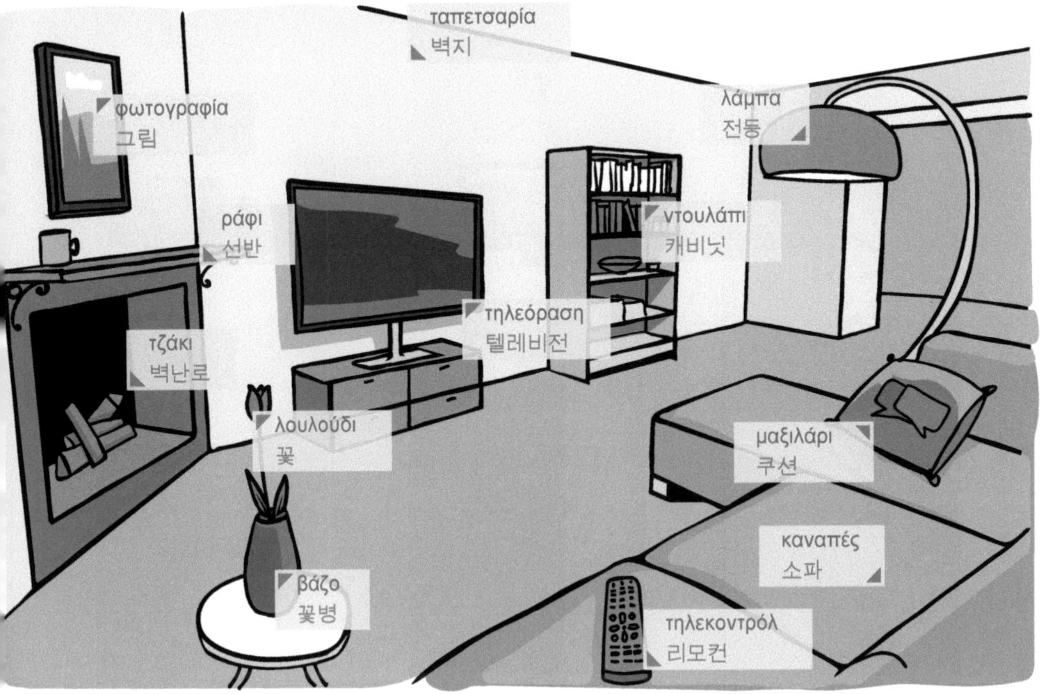

ταπετσαρία
벽지

φωτογραφία
그림

λάμπα
전등

ράφι
선반

ντουλάπι
캐비닛

τζάκι
벽난로

τηλεόραση
텔레비전

λουλούδι
꽃

μαξιλάρι
쿠션

καναπές
소파

βάζο
꽃병

τηλεκοντρόλ
리모컨

χαλί
카페트

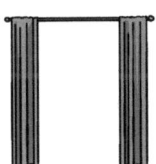

κουρτίνα
커튼

τραπέζι
탁자

καρέκλα
의자

κουνιστή πολυθρόνα
흔들의자

πολυθρόνα
안락의자

βιβλίο

책

κουβέρτα

담요

διακόσμηση

장식

καυσόξυλα

뗄감나무

ταινία

영화

στερεοφωνικό σύστημα

하이파이 기기

κλειδί

열쇠

εφημερίδα

신문

πίνακας ζωγραφικής

회화

αφίσα

포스터

ραδιόφωνο

라디오

σημειωματάριο

노트

ηλεκτρική σκούπα

진공청소기

κάκτος

선인장

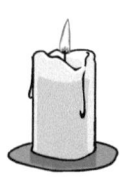

κερί

초

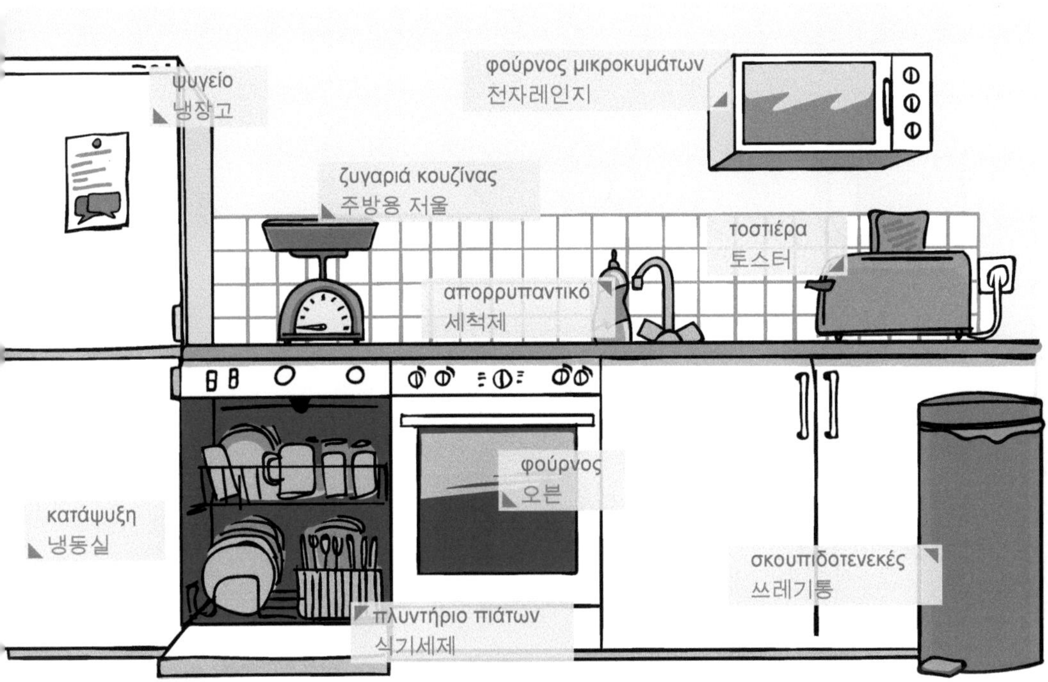

φούρνος μικροκυμάτων
전자레인지

ψυγείο
냉장고

ζυγαριά κουζίνας
주방용 저울

τοστιέρα
토스터

απορρυπαντικό
세척제

φούρνος
오븐

κατάψυξη
냉동실

σκουπιδοτενεκές
쓰레기통

πλυντήριο πιάτων
식기세제

κουζίνα
쿠커

κατσαρόλα
냄비

μαντεμένια κατσαρόλα
주철 냄비

γουόκ/καντάι
웍 / 카다이 냄비

τηγάνι
프라이팬

βραστήρας
주전자

ατμομάγειρας

찜기

ταψί

오븐 구이용 쟁반

πιατικά

그릇

κούπα

머그

μπολ

양푼이

ξυλάκια

젓가락

κουτάλα

국자

σπάτουλα

주걱

ανακατεύω

거품기

σουρωτήρι

여과기

σουρωτηράκι

체

τρίφτης

강판

γουδί

절구

ψησταριά

바베큐

ανοιχτή φωτιά

화덕

σανίδα κοπής

도마

πλάστης

밀방망이

ανοιχτήρι φελλών

코르크 병따개

κονσέρβα

캔

ανοιχτήρι κονσέρβας

캔 따개

γάντι φούρνου

냄비 받침

νεροχύτης

개수대

βούρτσα

솔

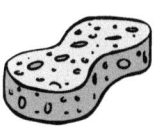

σφουγγάρι

수세미

μπλέντερ

블렌더

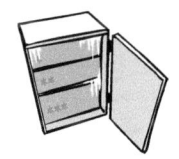

καταψύκτης

냉동고

μπιμπερό

젖병

βρύση

수도꼭지

μπάνιο

욕실

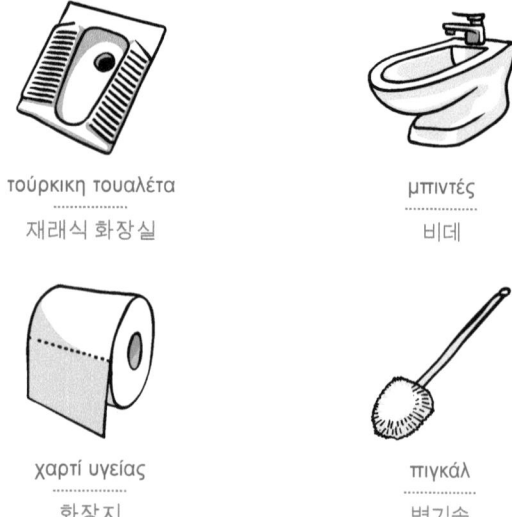

θέρμανση
히터
πετσέτα
수건
ντους
샤워
κουρτίνα ντουζ
샤워 커튼
αφρόλουτρο
거품 비누
μπανιέρα
욕조
ποτήρι
유리잔
πλυντήριο ρούχων
세탁기
βρύση
수도꼭지
πλακάκια
타일
γιογιό
변기
νεροχύτης
개수대

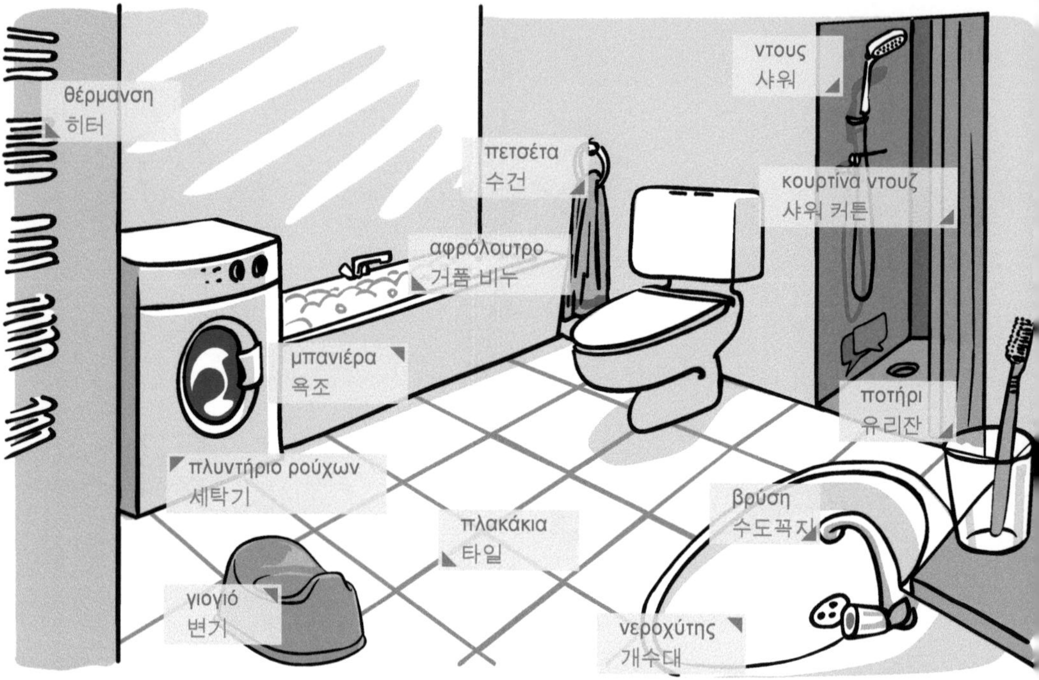

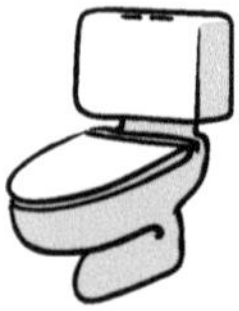

τουαλέτα

화장실

τούρκικη τουαλέτα

재래식 화장실

μπιντές

비데

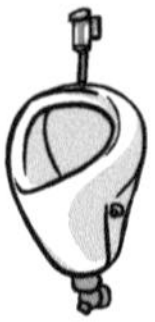

ουρητήριο

공중 변소

χαρτί υγείας

화장지

πιγκάλ

변기솔

οδοντόβουρτσα
치솔

οδοντόκρεμα
치약

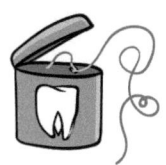

οδοντικό νήμα
치실

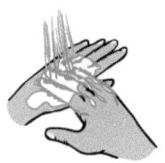

πλένω
씻다

τηλέφωνο ντους
샤워기

ντουσιέρα
질 세척제

λεκάνη
대야

βούρτσα πλάτης
등밀이솔

σαπούνι
비누

αφρόλουτρο
샤워 젤

σαμπουάν
샴푸

φανέλα
물걸레

σιφόνι
배수관

κρέμα
크림

αποσμητικό
체취 제거제

καθρέφτης

거울

καθρέφτης χειρός

휴대용 거울

ξυραφάκι

면도기

αφρός ξυρίσματος

면도 거품

αφτερσέιβ

에프터쉐이브

χτένα

빗

βούρτσα

솔

σεσουάρ

헤어드라이기

λακ

헤어스프레이

μακιγιάζ

메이크업

κραγιόν

립스틱

βερνίκι νυχιών

손톱깎이

βαμβάκι

면 솜

ψαλίδι νυχιών

손톱

άρωμα

향수

νεσεσέρ

세면도구 주머니

σκαμπό

스툴

ζυγαριά

저울

μπουρνούζι

목욕 가운

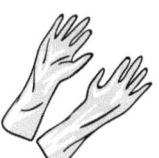

ελαστικά γάντια

고무 장갑

ταμπόν

탐폰

πετσέτα υγιεινής

생리대

χημική τουαλέτα

화학 화장실

παιδικό δωμάτιο
아이들 방

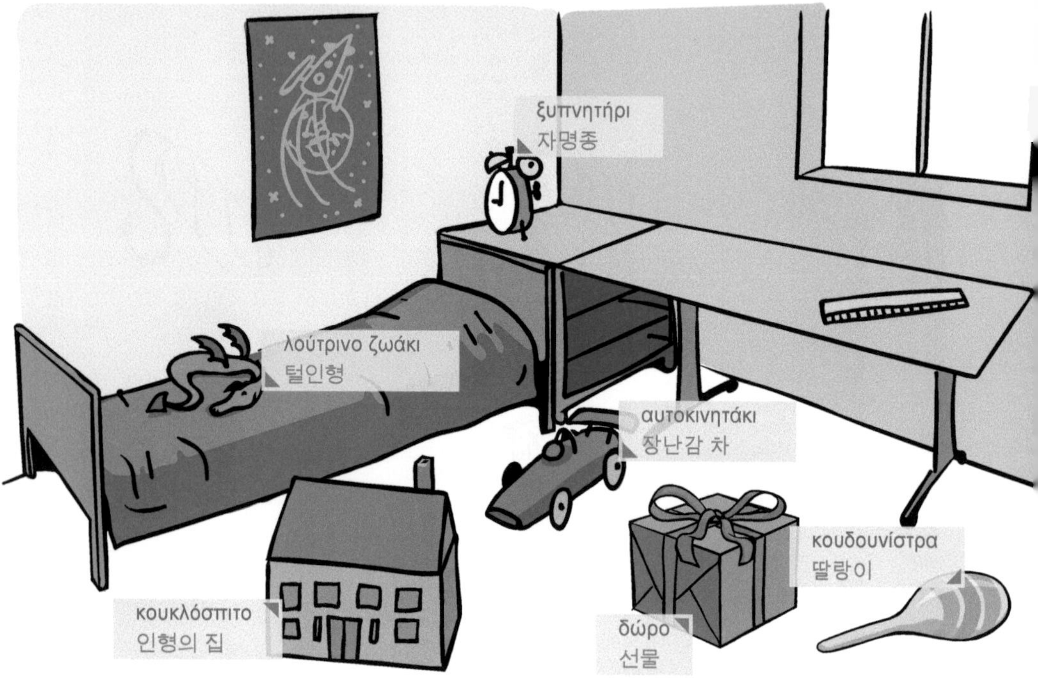

ξυπνητήρι
자명종
λούτρινο ζωάκι
털인형
αυτοκινητάκι
장난감 차
κουδουνίστρα
딸랑이
κουκλόσπιτο
인형의 집
δώρο
선물

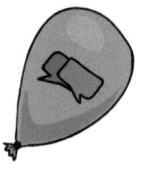

μπαλόνι

풍선

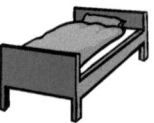

κρεβάτι

침대

καροτσάκι

유모차

τράπουλα

카드 게임

παζλ

퍼즐

SUPER MEGA

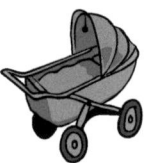

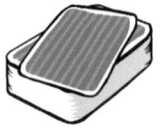

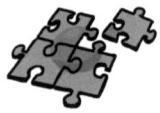

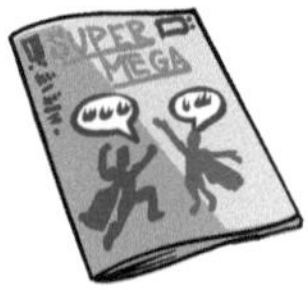

κόμικς

만화

τουβλάκια lego

레고

τουβλάκια κατασκευών

장난감 블럭

φιγούρα δράσης

액션 캐릭터

βρεφικό φορμάκι

베이비 그로

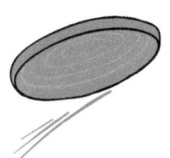

φρίσμπι

프리스비

μόμπιλο

모빌

επιτραπέζιο παιχνίδι

보드 게임

ζάρια

주사위

σετ τρενάκι

기차 모형 세트

πιπίλα

노리개 젖꼭지

πάρτι

파티

εικονογραφημένο βιβλίο

그림책

μπάλα

공

κούκλα

인형

παίζω

놀다

σκάμμα με άμμο

모래상자

κούνια

그네

παιχνίδια

장난감

κονσόλα βιντεοπαιχνιδιών

비디오 게임 콘솔

τρίκυκλο

세바퀴자전거

αρκουδάκι

곰인형

ντουλάπα

옷장

ρούχα
의복

κάλτσες

양말

καλτσοδέτες

스타킹

καλσόν

스타킹

κασκόλ
스카프

ζώνη
허리띠

ομπρέλα
우산

μπλουζάκι
티셔츠

αθλητικά παπούτσια
운동화

μπότες
부츠

παντόφλες
슬리퍼

σανδάλια
....
샌들

παπούτσια
....
신발

γαλότσες
....
고무 장화

εσώρουχο
....
팬티

σουτιέν
....
브래지어

φανέλα
....
러닝 셔츠

σώμα
바디

παντελόνι
바지

τζιν παντελόνι
청바지

φούστα
치마

μπλούζα
블라우스

πουκάμισο
셔츠

πουλόβερ
풀오버

πουλόβερ
후드티

σακάκι
블레이저

μπουφάν
자켓

παλτό
외투

αδιάβροχο πανωφόρι
비옷

κοστούμι
의상

φόρεμα
원피스

νυφικό
웨딩 드레스

κοστούμι

양복

νυχτικό

나이트가운

πιτζάμες

잠옷

σάρι

사리

μαντήλι

두건

τουρμπάνι

터번

μπούρκα

부르카

καφτάνι

카프탄

μουσουλμανικό ένδυμα

아바야

ολόσωμο μαγιό

수영복

ανδρικό μαγιό

수영바지

σορτς

반바지

αθλητική φόρμα

트레이닝복

ποδιά

앞치마

γάντια

장갑

κουμπί

단추

γυαλιά

안경

βραχιόλι

팔찌

περιδέραιο

목걸이

δαχτυλίδι

반지

σκουλαρίκι

귀걸이

καπέλο

캡 모자

κρεμάστρα

옷걸이

καπέλο

모자

γραβάτα

넥타이

φερμουάρ

지퍼

κράνος

헬멧

τιράντες

멜빵

μαθητική στολή

교복

στολή

유니폼

σαλιάρα
턱받이

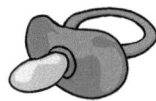

πιπίλα
노리개 젖꼭지

πάνα
기저귀

γραφείο
사무실

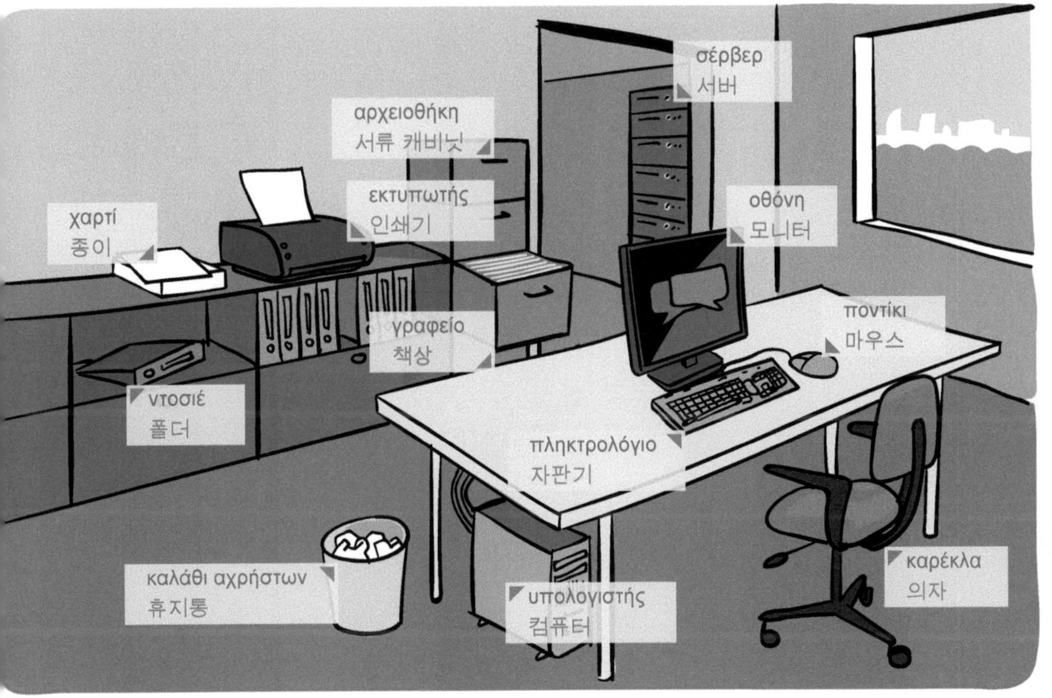

σέρβερ
서버

αρχειοθήκη
서류 캐비닛

εκτυπωτής
인쇄기

οθόνη
모니터

χαρτί
종이

γραφείο
책상

ποντίκι
마우스

ντοσιέ
폴더

πληκτρολόγιο
자판기

καλάθι αχρήστων
휴지통

υπολογιστής
컴퓨터

καρέκλα
의자

κούπα του καφέ
커피잔

κομπιουτεράκι
계산기

ίντερνετ
인터넷

λάπτοπ

노트북

γράμμα

편지

μήνυμα

메시지

κινητό

휴대전화

δίκτυο

네트워크

φωτοτυπικό μηχάνημα

복사기

λογισμικό

소프트웨어

τηλέφωνο

전화

πρίζα

플러그 소켓

συσκευή φαξ

팩시밀리

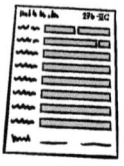

έντυπο

서식

έγγραφο

서류

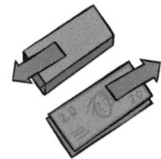

αγοράζω

사다

πληρώνω

지불하다

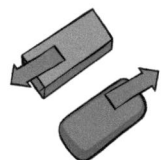

συναλλάσσομαι

거래하다

χρήματα

돈

δολάριο

달러

ευρώ

유로

γιεν

옌

ρούβλι

루벨

ελβετικό φράγκο

스위스 프랑

ρενμίνμπι γιουάν

위안

ρουπία

루피

ΑΤΜ (αυτόματη ταμειακή μηχανή)

현금인출기

ανταλλακτήρια
συναλλάγματος
환전소

χρυσός
금

ασήμι
은

πετρέλαιο
석유

ενέργεια
에너지

τιμή
가격

συμβόλαιο
계약

φόρος
세금

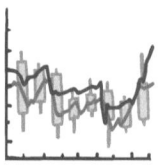

μετοχή
주식

δουλεύω
일하다

υπάλληλος
근로자

εργοδότης
고용주

εργοστάσιο
공장

κατάστημα
상점

επαγγέλματα
직업

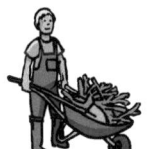

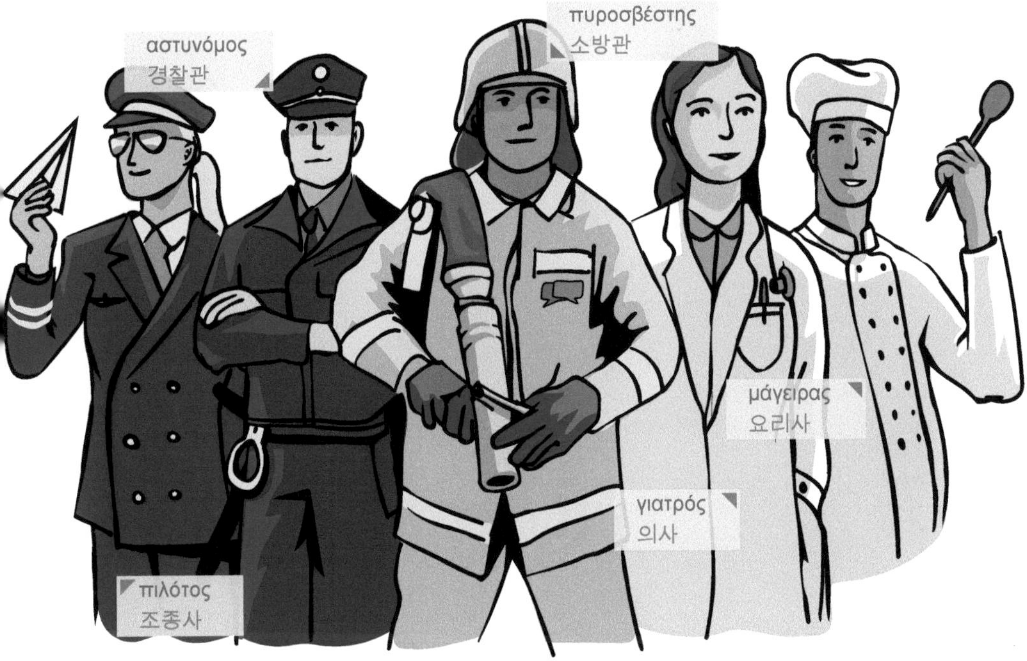
πυροσβέστης
소방관
αστυνόμος
경찰관
μάγειρας
요리사
γιατρός
의사
πιλότος
조종사

κηπουρός

정원사

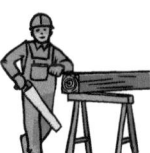

ξυλουργός

목수

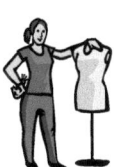

μοδίστρα

수선공

δικαστής

판사

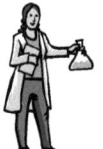

χημικός

화학자

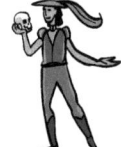

ηθοποιός

배우

οδηγός λεωφορείου

버스운전사

ταξιτζής

택시 운전사

ψαράς

어부

καθαρίστρια

청소부

τεχνίτης στεγών

지붕 수리자

σερβιτόρος

웨이터

κυνηγός

사냥꾼

ζωγράφος

화가

αρτοποιός

제빵사

ηλεκτρολόγος

전기업자

οικοδόμος

건축업자

μηχανολόγος

엔지니어

κρεοπώλης

정육점업자

υδραυλικός

배관업자

ταχυδρόμος

우편물 배달부

επαγγέλματα - 직업

στρατιώτης

군인

αρχιτέκτονας

건축가

ταμίας

계산원

ανθοπώλης

플로리스트

κομμωτής

미용사

ελεγκτής εισιτηρίων

검표원

μηχανικός

정비사

καπετάνιος

선장

οδοντίατρος

치과의사

επιστήμονας

학자

ραβίνος

유대교 라비

ιμάμης

이맘

μοναχός

수도승

ιερέας

사제

εργαλεία

연장

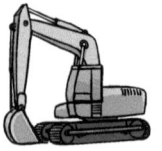

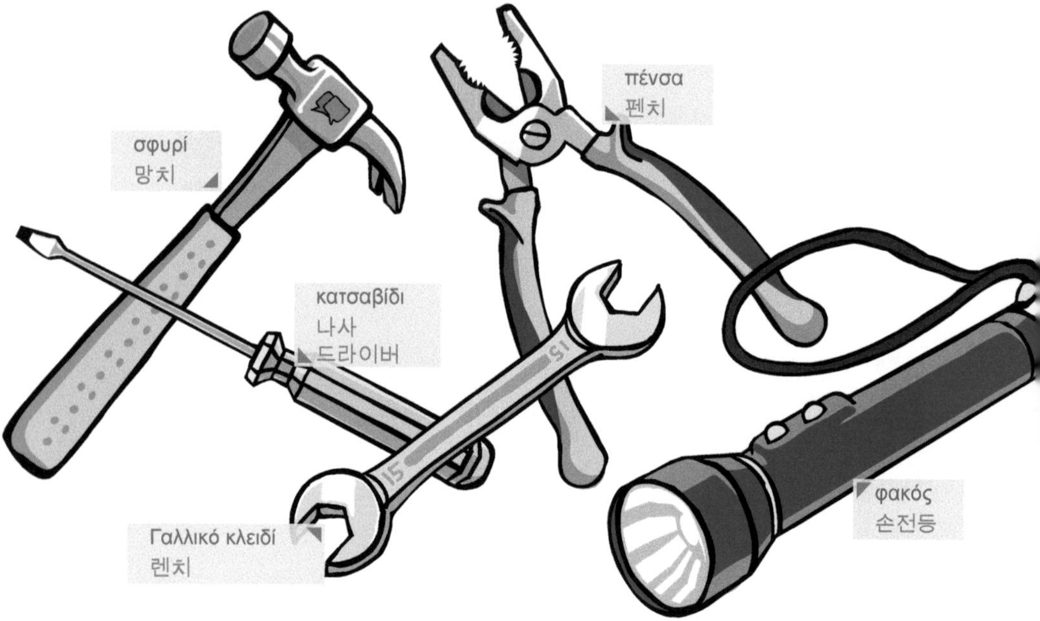

σφυρί
망치
πένσα
펜치
κατσαβίδι
나사
드라이버
Γαλλικό κλειδί
렌치
φακός
손전등

εκσκαφέας

굴삭기

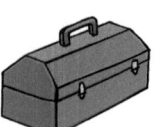

εργαλειοθήκη

연장통

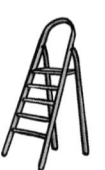

σκάλα

사다리

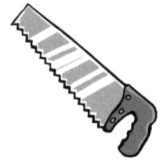

πριόνι

톱

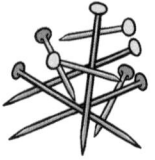

καρφιά

못

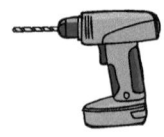

τρυπάνι

드릴

επισκευάζω

수리하다

φτυάρι

삽

Να πάρει!

젠장!

φαράσι

쓰레받기

δοχείο χρωμάτων

페인트통

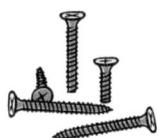

βίδες

나사

μουσικά όργανα
악기

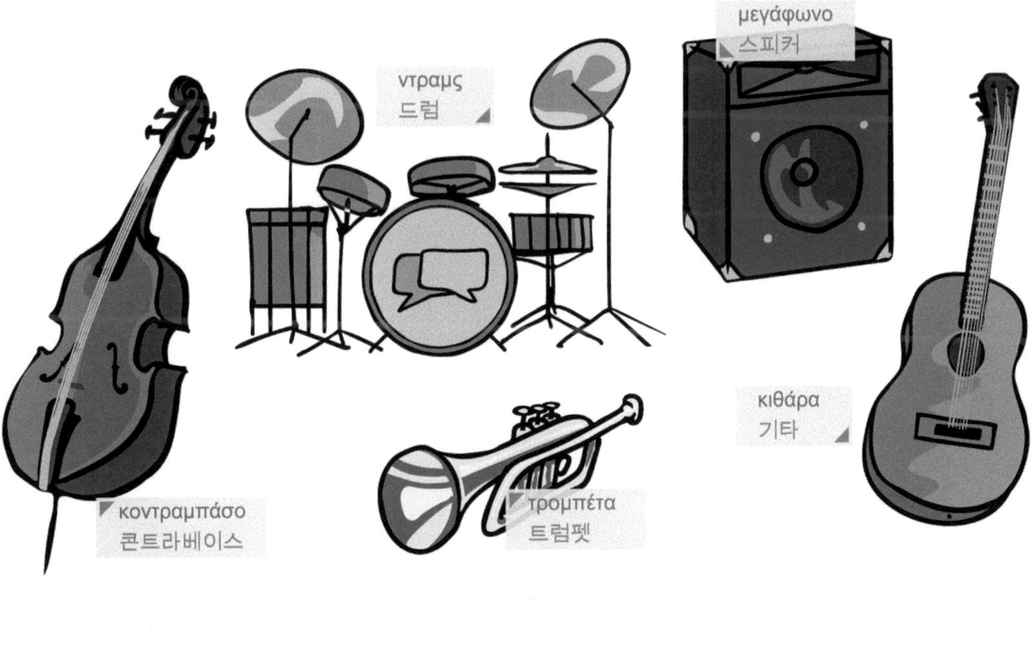

μεγάφωνο
스피커

ντραμς
드럼

κιθάρα
기타

κοντραμπάσο
콘트라베이스

τρομπέτα
트럼펫

πιάνο

피아노

βιολί

바이올린

μπάσο

베이스

τύμπανα

팀파니

τύμπανο

북

πλήκτρα

키보드

σαξόφωνο

색소폰

φλάουτο

플루트

μικρόφωνο

마이크

ζώα — 동물

ελέφαντας — 코끼리

καγκουρό — 캥거루

ζώα

동물

ελέφαντας

코끼리

καγκουρό

캥거루

ρινόκερος

코뿔소

γορίλας

고릴라

αρκούδα

곰

The following labels appear within the illustration:

- τίγρης / 호랑이
- εἴσοδος / 입구
- κλουβί / 우리
- ζέβρα / 얼룩말
- ζωοτροφή / 사료
- πάντα / 판다 곰

καμήλα

낙타

στρουθοκάμηλος

타조

λιοντάρι

사자

πίθηκος

원숭이

φλαμίνγκο

홍학

παπαγάλος

앵무새

πολική αρκούδα

북극곰

πιγκουίνος

펭귄

καρχαρίας

상어

παγώνι

공작

φίδι

뱀

κροκόδειλος

악어

φύλακας ζωολογικού κήπου

동물원 사육사

φώκια

물개

τζάγκουαρ

재규어

πόνυ

조랑말

λεοπάρδαλη

표범

ιπποπόταμος

하마

καμηλοπάρδαλη

기린

αετός

독수리

αγριογούρουνο

맷돼지

ψάρι

생선

χελώνα

거북이

θαλάσσιος ίππος

바다코끼리

αλεπού

여우

γαζέλα

영양

Αμερικάνικο ποδόσφαιρο
미식축구

ποδηλασία
자전거 경기

αντισφαίριση
테니스

μπάσκετ
농구

κολύμβηση
수영

χόκεϋ επί πάγου
아이스하키

πυγχαμία
권투

ποδόσφαιρο
축구

μπάντμιντον
배드민턴

στίβος
육상 경기

χάντμπολ
핸드볼

σκι
스키

πόλο
폴로

γελάω
웃다

πηδάω
뛰어오르다

αγκαλιάζω
포옹하다

περπατάω
걷다

τραγουδάω
노래하다

ονειρεύομαι
꿈꾸다

προσεύχομαι
기도하다

φιλάω
입맞추다

γράφω
쓰다

σχεδιάζω
그리다

δείχνω
보여주다

πιέζω
밀다

δίνω
주다

παίρνω
받다

έχω

가지다

κάνω

행하다

είμαι

...이다

στέκομαι

서있다

τρέχω

뛰다

τραβάω

당기다

ρίχνω

던지다

πέφτω

떨어지다

ξαπλώνω

누워있다

περιμένω

기다리다

κουβαλώ

운반하다

κάθομαι

앉다

φοράω

옷을 입다

κοιμάμαι

자다

ξυπνάω

깨다

κοιτάω

보다

κλαίω

울다

χαϊδεύω

쓰다듬다

χτενίζω

빗다

μιλάω

말하다

καταλαβαίνω

이해하다

ρωτάω

묻다

ακούω

듣다

πίνω

마시다

τρώω

먹다

συγυρίζω

정리하다

αγαπάω

사랑하다

μαγειρεύω

요리하다

οδηγώ

주행하다

πετάω

날다

δραστηριότητες - 활동

κάνω ιστιοπλοΐα

해항하다

υπολογίζω

계산하다

διαβάζω

읽다

μαθαίνω

배우다

δουλεύω

일하다

παντρεύομαι

결혼하다

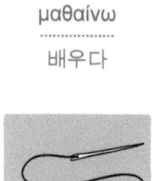

ράβω

바느질하다

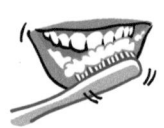

βουρτσίζω τα δόντια

이를 닦다

σκοτώνω

죽이다

καπνίζω

담배 피우다

στέλνω

보내다

οικογένεια
가족

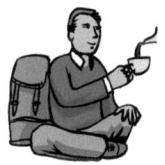

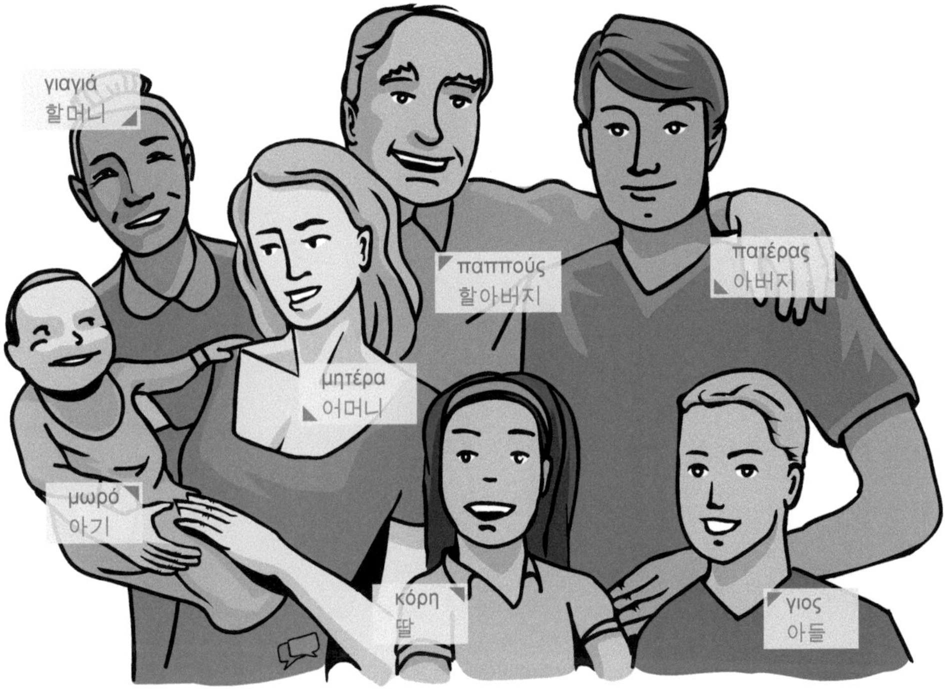
γιαγιά
할머니
παππούς
할아버지
πατέρας
아버지
μητέρα
어머니
μωρό
아기
κόρη
딸
γιος
아들

καλεσμένος

손님

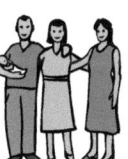

θεία

이모 / 고모

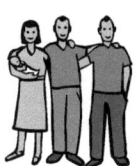

θείος

삼촌

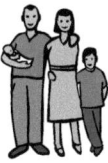

αδελφός

형제

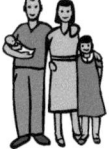

αδελφή

자매

σώμα
몸통

μέτωπο
이마
μάτι
눈
ώμος
어깨
δάχτυλο
손가락
πρόσωπο
얼굴
πιγούνι
턱
χέρι
손가락
στήθος
가슴
πόδι
다리
βραχίονας
팔

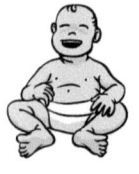

μωρό
아기

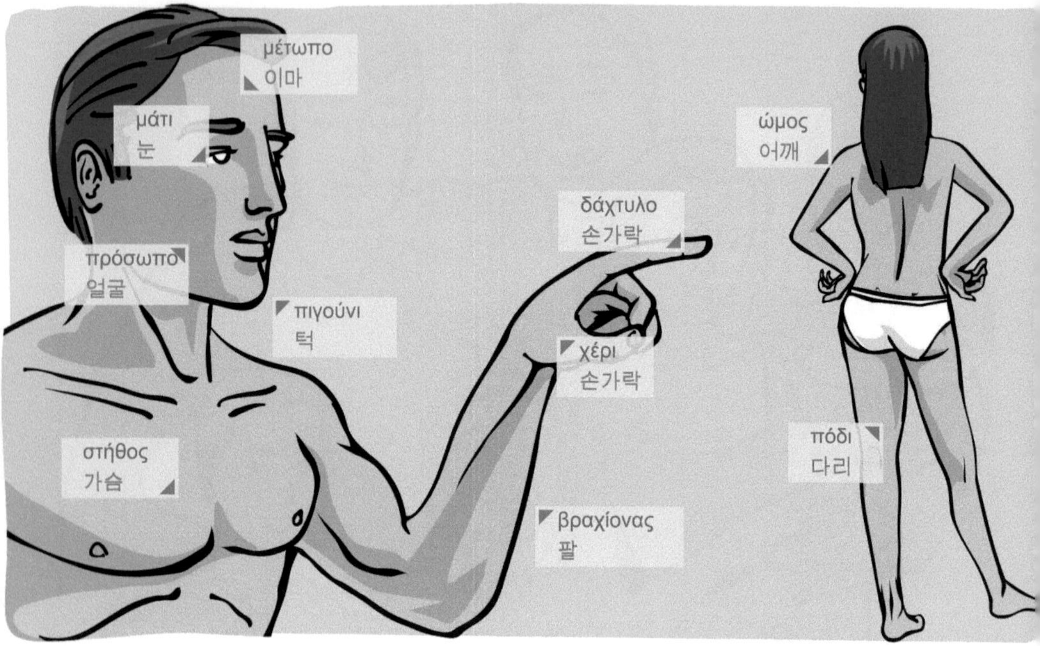

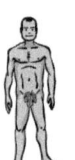

άνδρας
남자

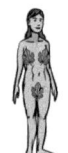

γυναίκα
여자

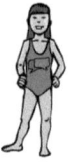

κορίτσι
소녀

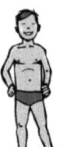

αγόρι
소년

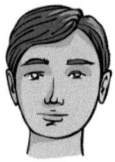

κεφάλι
머리카락

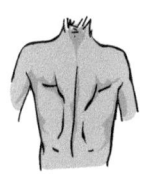

πλάτη

등

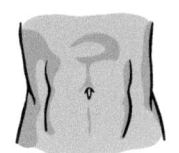

κοιλιά

배

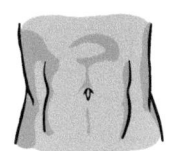

αφαλός

배꼽

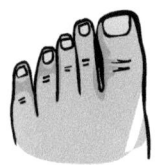

δάχτυλο ποδιού

발가락

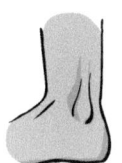

φτέρνα

발꿈치

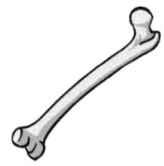

κόκκαλο

뼈

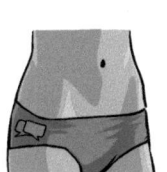

γοφός

엉덩이

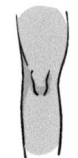

γόνατο

무릎

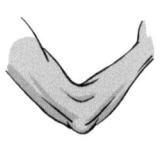

αγκώνας

팔꿈치

μύτη

코

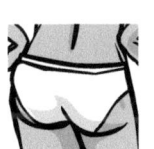

γλουτός

둔부

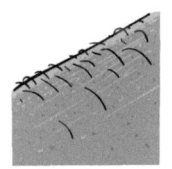

δέρμα

피부

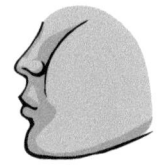

μάγουλο

뺨

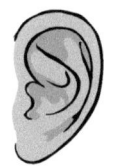

αυτί

귀

χείλος

입술

σώμα - 몸통

69

στόμα

입

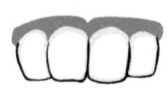

δόντι

치아

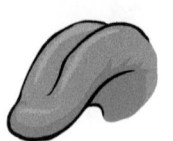

γλώσσα

혀

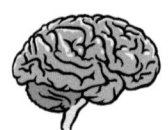

εγκέφαλος

뇌

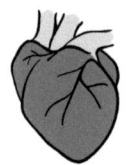

καρδιά

심장

μυς

근육

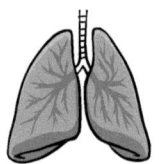

πνεύμονας

허파

συκώτι

간

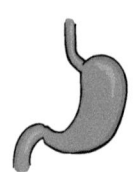

στομάχι

위

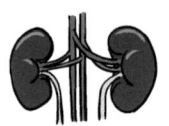

νεφρά

신장

σεξουαλική επαφή

성교

προφυλακτικό

콘돔

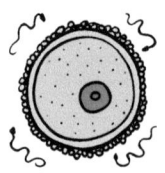

ωάριο

난자

σπέρμα

정자

εγκυμοσύνη

임신

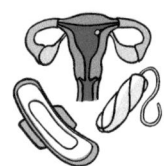

περίοδος

월경

γυναικείος κόλπος

질

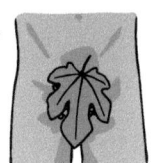

πέος

음경

φρύδι

눈썹

μαλλιά

머리카락

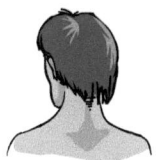

λαιμός

목

νοσοκομείο
병원

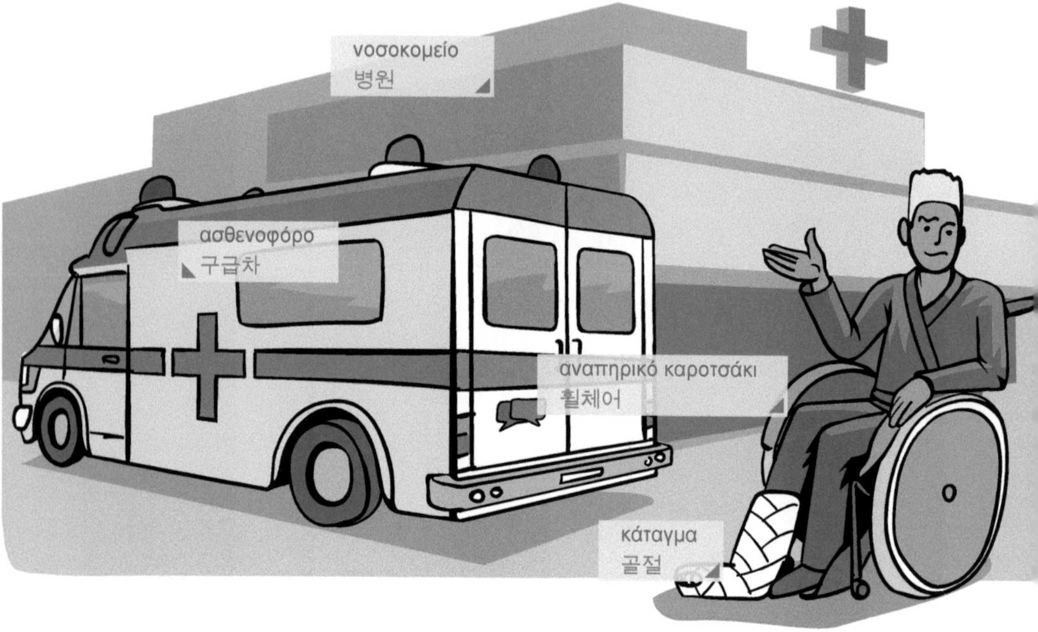

νοσοκομείο
병원
ασθενοφόρο
구급차
αναπηρικό καροτσάκι
휠체어
κάταγμα
골절

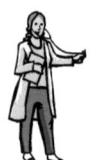

γιατρός

의사

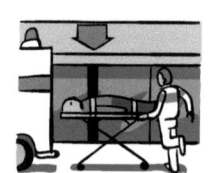

μονάδα εντατικής θεραπείας

응급실

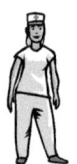

νοσοκόμα

간호사

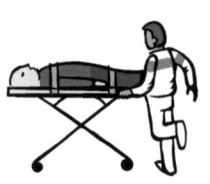

έκτακτη ανάγκη

응급상황

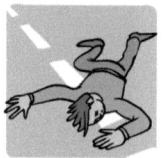

λιπόθυμος

혼수상태

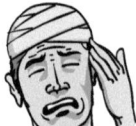

πόνος

통증

τραύμα
부상

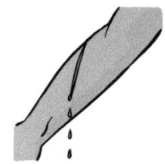

αιμορραγία
출혈

έμφραγμα
심장마비

εγκεφαλικό
뇌졸중

αλλεργία
알러지

βήχας
기침

πυρετός
열

γρίπη
독감

διάρροια
설사

πονοκέφαλος
두통

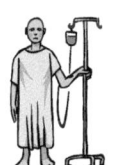

καρκίνος
암

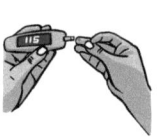

διαβήτης
당뇨병

χειρουργός
외과의

νυστέρι
수술용 메스

εγχείρηση
수술

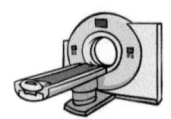

αξονική τομογραφία

CT

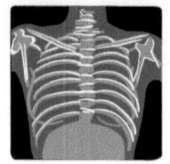

ακτινογραφία

엑스레이

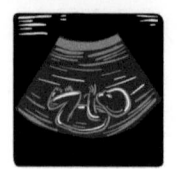

υπέρηχος

초음파

μάσκα

마스크

ασθένεια

질병

αίθουσα αναμονής

대기실

πατερίτσα

목발

χάνσαπλαστ

반창고

επίδεσμος

붕대

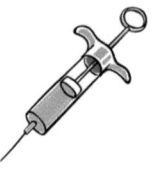

ένεση

주사

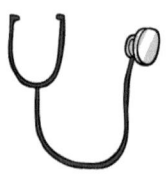

στηθοσκόπιο

청진기

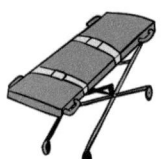

φορείο

들것

θερμόμετρο

체온계

γέννηση

출생

υπέρβαρο

과체중

ακουστικό βαρηκοΐας

보청기

αντισηπτικό

소독약

λοίμωξη

감염

ιός

바이러스

HIV/AIDS

HIV / AIDS

φάρμακο

의학

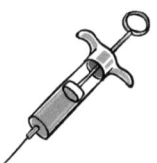

εμβολιασμός

예방접종

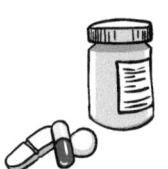

δισκία

알약

χάπι

알약

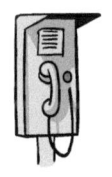

κλήση έκτακτης ανάγκης

구급 전화

πιεσόμετρο αίματος

혈압측정기

άρρωστος / υγιής

병든 / 건강한

Βοήθεια! 도와주세요!	 συναγερμός 경보음	 βιαιοπραγία 폭행
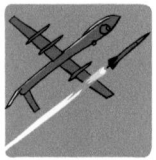 επίθεση 공격	 κίνδυνος 위험	 έξοδος κινδύνου 비상구
Φωτιά! 불이야!	 πυροσβεστήρας 소화기	 ατύχημα 사고
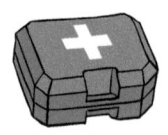 κουτί πρώτων βοηθειών 구급 상자	SOS SOS	 αστυνομία 경찰

Ευρώπη

유럽

Βόρεια Αμερική

북미

Νότια Αμερική

남미

Αφρική

아프리카

Ασία

아시아

Αυστραλία

호주

Ατλαντικός Ωκεανός

북극

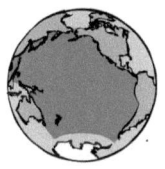

Ειρηνικός Ωκεανός

태평양

Ινδικός Ωκεανός

인도양

Ανταρκτικός Ωκεανός

남극해

Αρκτικός Ωκεανός

북극해

Βόρειος Πόλος

북극해

Νότιος Πόλος

남극해

Ανταρκτική

남극

Γη

지구

γη

육지

θάλασσα

바다

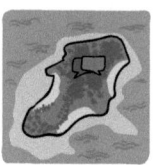

νησί

섬

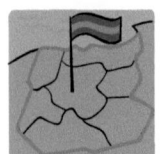

έθνος

국가

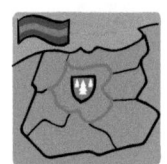

πολιτεία

주

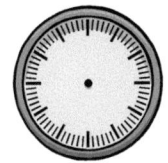

καντράν ρολογιού

시계 문자판

ωροδείκτης

시침

λεπτοδείκτης

분침

δείκτης δευτερολέπτων

초침

Τι ώρα είναι;

몇 시입니까?

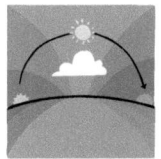

ημέρα

일

χρόνος

시간

τώρα

지금

ψηφιακό ρολόι

디지털 시계

λεπτό

분

ώρα

시간

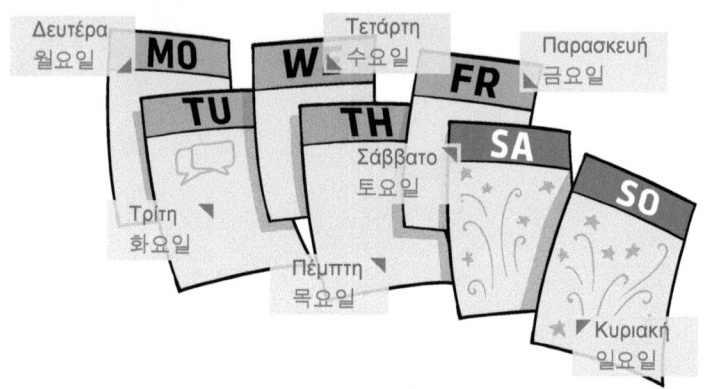

Δευτέρα
월요일 **MO**

Τετάρτη
수요일 **W**

Παρασκευή
금요일 **FR**

TU

TH

Σάββατο
토요일 **SA**

SO

Τρίτη
화요일

Πέμπτη
목요일

Κυριακή
일요일

χθες

어제

σήμερα

오늘

αύριο

내일

πρωί

아침

μεσημέρι

정오

βράδυ

저녁

εργάσιμες ημέρες

근로일

Σαββατοκύριακο

주말

έτος
년도

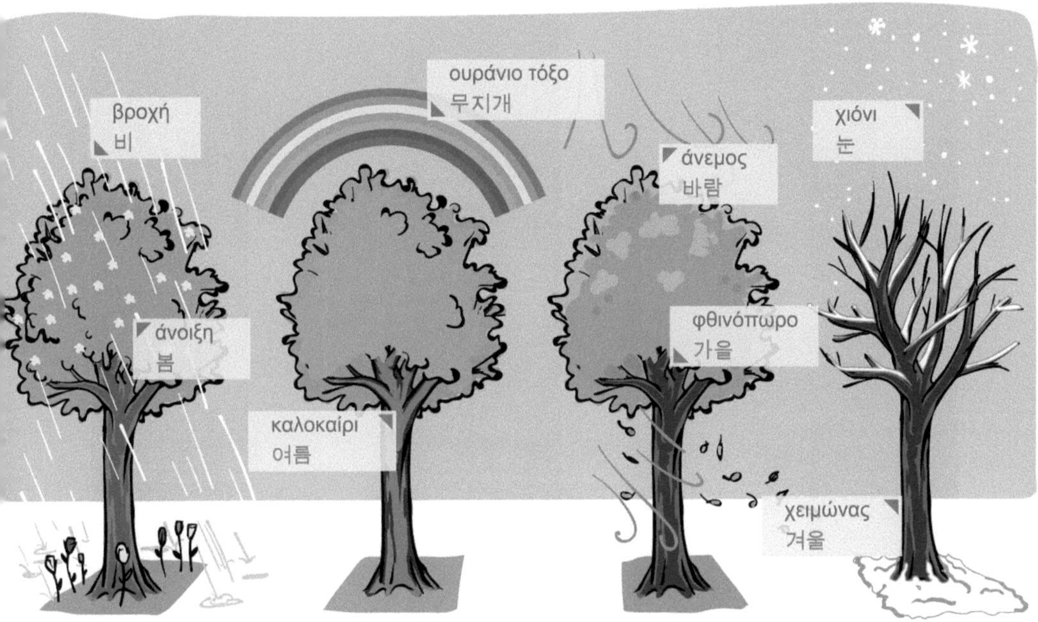
βροχή
비
ουράνιο τόξο
무지개
άνεμος
바람
χιόνι
눈
άνοιξη
봄
καλοκαίρι
여름
φθινόπωρο
가을
χειμώνας
겨울

4.APRIL 11°
5.APRIL 4°
6.APRIL 13°
7.APRIL 8°
8.APRIL 10°

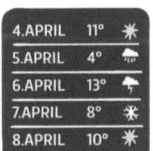

πρόγνωση καιρού

날씨 예보

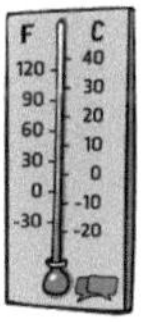
F
C
120
90
60
30
0
-30
40
30
20
10
0
-10
-20

θερμόμετρο

온도계

λιακάδα

햇빛

σύννεφο

구름

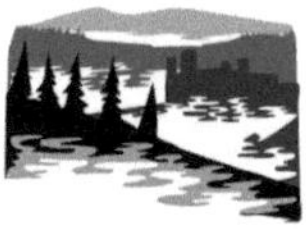

ομίχλη

안개

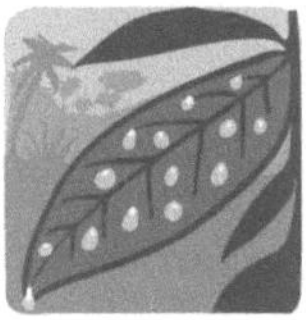

υγρασία

습도

αστραπή

번개

κεραυνός

천둥

καταιγίδα

폭풍

χαλάζι

우박

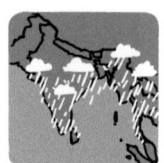

μουσώνας

장마

πλημμύρα

홍수

πάγος

얼음

Ιανουάριος

1월

Φεβρουάριος

2월

Μάρτιος

3월

Απρίλιος

4월

Μάιος

5월

Ιούνιος

6월

Ιούλιος

7월

Αύγουστος

8월

έτος - 년도

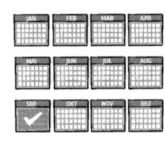

Σεπτέμβριος
....
9월

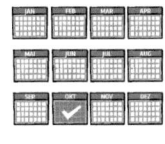

Οκτώβριος
....
10월

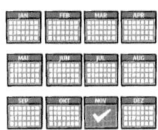

Νοέμβριος
....
11월

Δεκέμβριος
....
12월

σχήματα
형태

κύκλος
....
원

τετράγωνο
....
정사각형

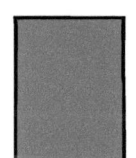

ορθογώνιο
παραλληλόγραμμο
직사각형

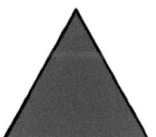

τρίγωνο
....
삼각형

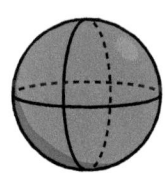

σφαίρα
....
구

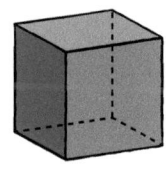

κύβος
....
정사면체

άσπρο

하양

κίτρινο

노랑

πορτοκαλί

주황

ροζ

분홍

κόκκινο

빨강

μωβ

보라

μπλε

파랑

πράσινο

초록

καφέ

갈색

γκρι

회색

μαύρο

검정

πολύ / λίγο

많은 / 적은

θυμωμένος / ήρεμος

화난 / 차분한

όμορφος / άσχημος

아름다운 / 추한

αρχή / τέλος

시작 / 끝

μεγάλος / μικρός

큰 / 작은

φωτεινός / σκοτεινός

밝은 / 어두운

αδελφός / αδελφή

형제 / 자매

καθαρός / λερωμένος

깨끗한 / 더러운

πλήρης / ατελής

완전한 / 불완전한

ημέρα / νύχτα

낮 / 밤

νεκρός / ζωντανός

죽은 / 산

φαρδύς / στενός

넓은 / 좁은

βρώσιμος / μη βρώσιμος

삭용의 / 비식용의

κακός / ευγενικός

불친절한 / 친절한

ενθουσιασμένος / βαριεστημένος

흥분된 / 지루한

παχύς / λεπτός

뚱뚱한 / 마른

πρώτος / τελευταίος

처음으로 / 마지막으로

φίλος / εχθρός

친구 / 적

γεμάτος / άδειος

꽉 찬 / 텅 빈

σκληρός / μαλακός

딱딱한 / 부드러운

βαρύς / ελαφρύς

무거운 / 가벼운

πείνα / δίψα

배고픔 / 목마름

άρρωστος / υγιής

병든 / 건강한

παράνομος / νόμιμος

불법 / 합법

έξυπνος / χαζός

영리한 / 어리석은

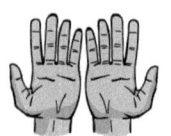

αριστερός / δεξιός

왼 / 오른

κοντινός / μακρινός

가까운 / 먼

καινούριος /
μεταχειρισμένος

새 / 헌

τίποτα / κάτι

무 / 유

γέρος | νέος

늙은 / 젊은

αναμμένος / σβηστός

온 / 오프

ανοιχτός / κλειστός

열린 / 닫힌

χαμηλόφωνος /
μεγαλόφωνος

조용한 / 시끄러운

πλούσιος / φτωχός

부유한 / 가난한

σωστός / λανθασμένος

옳은 / 틀린

τραχύς / λείος

거친 / 매끄러운

λυπημένος / χαρούμενος

슬픈 / 기쁜

κοντός / μακρύς

짧은 / 긴

αργός / γρήγορος

느린 / 빠른

υγρός / στεγνός

젖은 / 마른

ζεστός / δροσερός

따뜻한 / 시원한

πόλεμος / ειρήνη

전쟁 / 평화

αντίθετα - 반대

0	**1**	**2**
μηδέν	ένα	δύο
영	하나	둘

3	**4**	**5**
τρία	τέσσερα	πέντε
셋	넷	다섯

6	**7**	**8**
έξι	εφτά	οκτώ
여섯	일곱	여덟

9	**10**	**11**
εννιά	δέκα	έντεκα
아홉	열	열하나

12

δώδεκα
열둘

13

δεκατρία
열셋

14

δεκατέσσερα
열넷

15

δεκαπέντε
열다섯

16

δεκαέξι
열여섯

17

δεκαεφτά
열일곱

18

δεκαοκτώ
열여덟

19

δεκαεννέα
열아홉

20

είκοσι
스물

100

εκατό
백

1.000

χίλια
천

1.000.000

εκατομμύριο
백만

Αγγλικά

영어

Αμερικάνικα Αγγλικά

미국식 영어

Μανδαρίνικα Κινέζικα

중국어 만다린

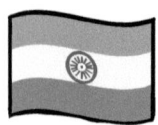

Χίντι

힌두어

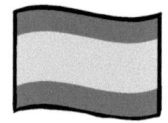

Ισπανικά

스페인어

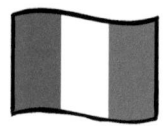

Γαλλικά

프랑스어

Αραβικά

아랍어

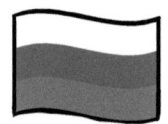

Ρώσικα

러시아어

Πορτογαλικά

포르투갈어

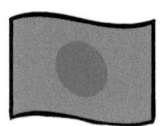

Μπενγκάλι

불가리아어

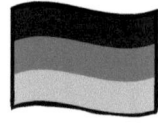

Γερμανικά

독일어

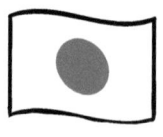

Ιαπωνικά

일본어

εγώ

나

εσύ

너

αυτός / αυτή / αυτό

그 / 그녀/ 그것

εμείς

우리

εσείς

너희들

αυτοί / αυτές / αυτά

그들

ποιος / ποια / ποιο;

누가?

τι;

무엇이?

πώς;

어떻게?

πού;

어디서?

πότε;

언제?

όνομα

이름

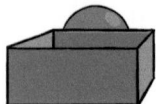

πίσω

뒤에

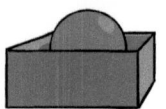

μέσα

안에

μπροστά

앞에

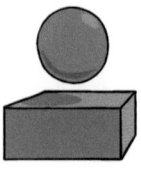

πάνω από

위에

πάνω

위에

κάτω

아래에

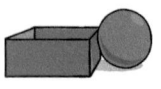

δίπλα

옆에

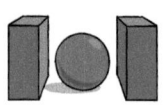

ανάμεσα

사이에

μέρος

장소